Titel der französischen Ausgabe:
L'imagerie des loisirs
ISBN 3-89717-152-X
Printed in Italy

10 9 8 7 6 5 4 3 2 1

Dein buntes Wörterbuch Ferien

Idee und Text:
Émilie Beaumont - Marie-Renée Pimont

Illustrationen:
Noëlle Le Guillouzic

Übersetzung aus dem Französischen
von Elena Wassmann

FLEURUS VERLAG

FERIEN AM MEER

EIN BESUCH AM HAFEN

Die beste Zeit für einen Hafenrundgang ist der späte Nachmittag, denn dann kommen die Fischerboote vom Meer zurück.

Wo findest du was am Hafen?

1 – die Hafeneinfahrt
2 – die Mole
3 – der Leuchtturm
4 – der Jachthafen
5 – ein Segelschiff
6 – ein kleiner Fischkutter
7 – Fischer entladen ihren Fang.

8 – Dieses Schiff wird auf einem Trockendock repariert.
9 – Der Frachter wird entladen.
10 – Die Fischer flicken ihre Netze.
11 – ein Ruderboot
12 – Die Boote werden am Kai festgebunden.
13 – der Kai
14 – ein Kühltransporter
15 – ein Kran
16 – ein Poller

AM STRAND

Auf den folgenden Seiten findest du viele tolle Anregungen für deinen nächsten Urlaub am Meer.

Wo findest du was am Strand?

1 – ein Sonnenschirm
2 – Der Rettungsschwimmer beobachtet das Geschehen am Strand durch ein Fernglas.
3 – die Umkleidekabinen
4 – Grüne Fahne: Baden erlaubt. Rote Fahne: Baden verboten.
5 – ein Gummiboot

6 – Wasserski, Windsurfen und Wellenreiten macht den Wassersportlern Spaß.
7 – Im Kinderklub gibt es ein Trampolin und Schaukeln.
8 – Eine Reihe von Bojen trennt den Nichtschwimmer-Bereich ab.
9 – ein Drachen
10 – Während der Ebbe bauen die Kinder eine Sandburg.
11 – Fängst du lieber Krabben mit dem Netz oder Fische mit der Angel?
12 – Felsen
13 – ein Schwimmreifen

KENNST DU DIESE SEEVÖGEL?

Am Strand gibt es viele Möwen. Kormorane wirst du aber eher am Hafeneingang oder auf einsamen Felsen entdecken.

Die Möwe fliegt den Fischerbooten hinterher und kommt so bequem zu Futter. Im Frühling brütet sie auf hoch gelegenen Steilklippen. Möwen treten meist in Schwärmen auf. Einen Möwenschrei kannst du leicht erkennen, denn er klingt fast wie das Weinen eines Babys.

Der Kormoran ist ein ausgezeichneter Schwimmer: Seine Krallen haben Schwimmhäute und dienen ihm als Steuerruder, während seine Flügel wie kräftige Flossen wirken. Nach dem Tauchen lässt er sein schwarzes Gefieder auf einem Felsen sitzend trocknen. Im Frühling schmückt eine Federhaube seinen Kopf.

Seevögel darf man nicht jagen. Der Papageientaucher lebt an den Felsküsten des Atlantiks. Die Silbermöwe nistet in Kolonien. Der Austernfischer frisst Würmer und Muscheln.

Der Basstölpel gleitet auf der Suche nach Fischen übers Meer und stürzt sich dann blitzschnell kopfüber tief ins Wasser, um die Beute zu packen. Tölpel-Pärchen bleiben ihr ganzes Leben lang zusammen und nisten in den Hohlräumen der Felsenklippen – einem idealen Startplatz zum Fliegen.

BESUCH IM SALZGARTEN

Weißt du, wie man aus dem Meer Salz gewinnt? Nein?
Dann lass dir doch einfach mal einen Salzgarten zeigen und erklären.

Durch Gräben fließt Meerwasser in die Becken.

Das Wasser verdunstet durch Sonne und Wind: Salz bleibt zurück.

Jeden Tag rechen Arbeiter das Salz zusammen.

Wenn das Salz ganz trocken ist, wird es abgefüllt und verkauft.

MEERESPFLANZEN UND IHR NUTZEN

Schon lange nutzen Menschen Meeresalgen für die Schönheitspflege und in der Lebensmittelproduktion.

Luftkammern in den Blättern lassen den Tang oben treiben.

Der Blatttang klammert sich an Felsen fest.

Tang im Badewasser macht die Haut zart und geschmeidig.

Getrocknete Algen in Pulverform dienen als Gewürz – fast wie Salz.

DIE ZUCHT VON AUSTERN

Austern werden in einer Art Muschelfarm gezüchtet und unterliegen strengen Gesundheitskontrollen.

Sie wachsen auf Ziegeln, die an Holzbalken befestigt sind.

Die Austernzüchter lösen die „reifen“ Austern von den Ziegeln.

Diese künstlichen Austernbänke stehen in Zuchtbecken.

Die Austern werden gewaschen, sortiert und abgepackt.

EIN AUSFLUG MIT DEM FISCHKUTTER

Manche Fischer nehmen Gäste an Bord ihres Kutters. So kannst du ihnen einen ganzen Tag lang bei der Arbeit zusehen.

Das Treibnetz ist ein großes Netz, das hinter dem Kutter hergezogen wird.

Das Sonar ist ein Apparat, mit dem Fischer Fischschwärme orten. Nach dem Signal des Sonars werfen sie ihre Netze aus.

Die Fischer holen das Netz ein und schütten den Fang aufs Deck.

Bis zur Rückkehr in den Hafen werden die Fische auf Eis gelagert.

ANGELN LEICHT GEMACHT

Wenn du keine Angel hast, kannst du deine Angelausrüstung mithilfe eines Erwachsenen ganz einfach selbst bauen.

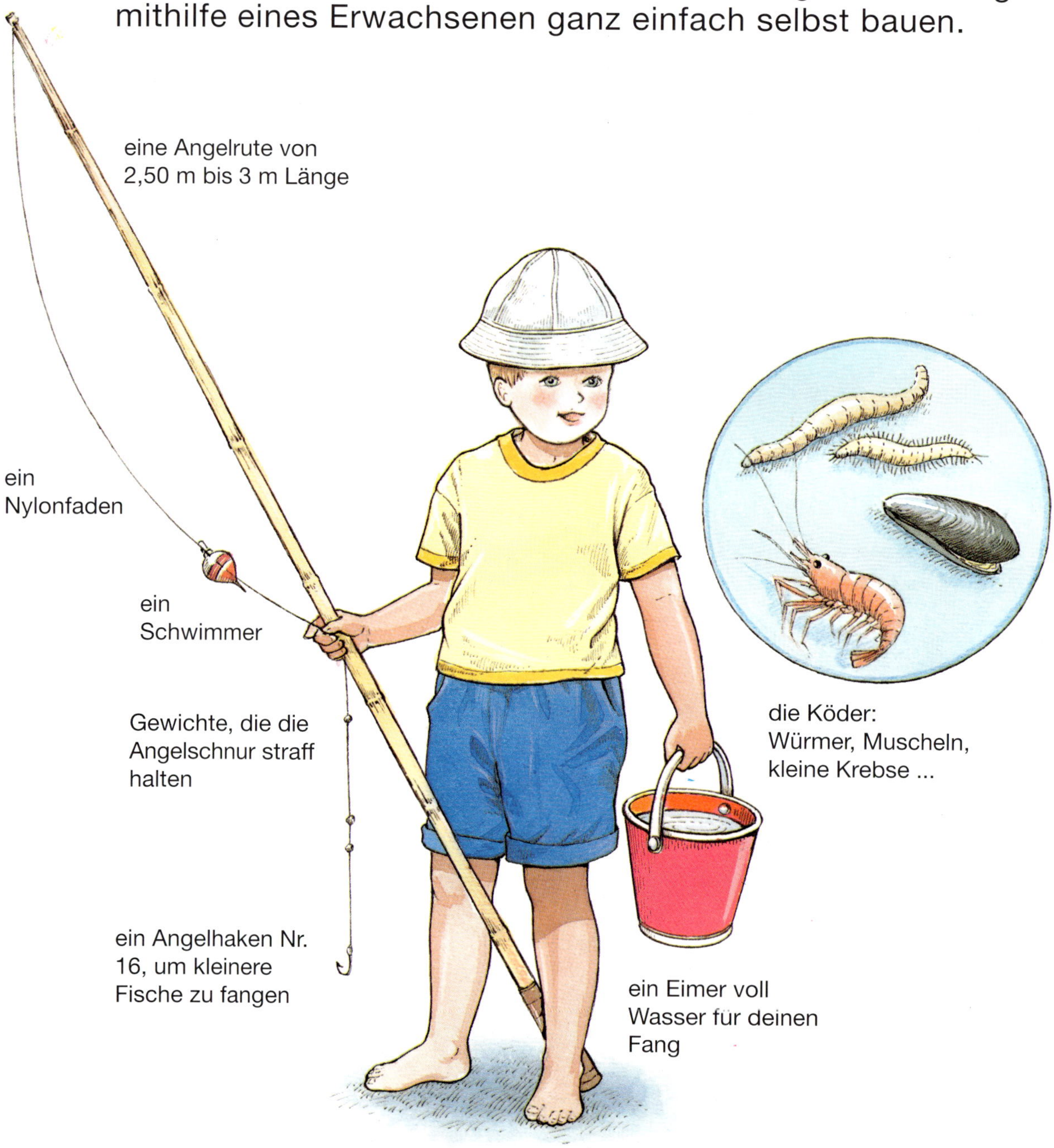

Die Köder lassen sich ganz leicht selbst fangen. So kannst du z.B. bei Ebbe Würmer mit einer Schaufel aus dem Sand ausgraben.

EINIGE ANGLERTIPPS

Ein guter Angler überlässt nichts dem Zufall: Der richtige Angelplatz ist genauso wichtig wie die Wahl des Köders.

Am Ende der Kaimauer beißen Stinte besonders gut.

Fische, die Felsen lieben, fängst du am besten von den Felsen aus.

Wenn ein Fisch anbeißt, bewegt sich der Schwimmer. Gib mit der Rute einen kurzen Ruck, bevor du die Leine einholst.

DER TRICK MIT DER FLASCHE

Wenn du die Fische nur beobachten willst, kannst du in wenigen Minuten eine ganz einfache Falle stellen.

Schneide bei einer Plastikflasche den Flaschenhals ab.

Fülle ein paar Kiesel und Köder in die Flasche.

Stecke den abgeschnittenen Flaschenhals umgekehrt in die Flasche und lege sie ins flache Wasser. Die Köder locken die Fische an!

KRABBENFANGEN AM STRAND

Ausgerüstet mit einem Körbchen und einem Netz kannst du zwischen den Felsen und Steinen am Strand Krabben und Krebse fangen.

In den Wasserlachen findest du bei Ebbe kleine graue Krebse.

Mit etwas Glück fängst du dort auch größere Garnelen.

Wenn das Meer sich ganz weit zurückgezogen hat, kannst du auch Krabben und Langusten zwischen den Steinen entdecken.

WIE FÄNGT MAN EINE KRABBE?

Krabben verstecken sich unter Steinen und Felsen. Lass dich nicht von ihren Scheren zwicken, sondern packe sie von hinten.

Mit dem Netz kannst du Krabben auch in ihrem Versteck aufspüren.

Wenn du das Netz umstülpst, landet die Krabbe im Eimer.

Packt die Krabbe das Fleisch, ziehst du an der Schur.

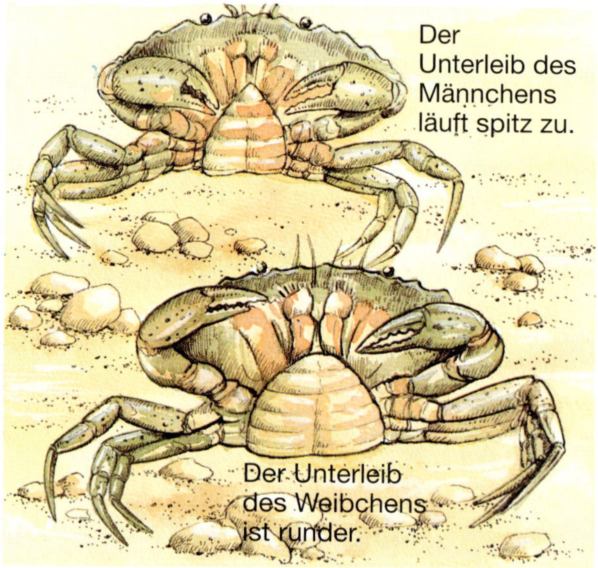

Lass die Weibchen wieder frei, damit sie sich fortpflanzen können.

SCHEIDENMUSCHEL

Diese länglichen Muscheln vergraben sich bei Ebbe im Sand. Du erkennst ihr Versteck an zwei Löchern im Schlick.

Wenn du etwas Salz in die Löcher streust, kriecht die Muschel aus ihrem Versteck – sie glaubt, die Flut hätte eingesetzt!

Du kannst aber auch einen Halm in das Loch stecken: dann schließt sich die Muschel und du kannst sie ausgraben.

MUSCHELN SAMMELN

Nimm für deine Muschel- und Schneckensammlung nur leere Gehäuse.

Bei Ebbe kann man die Muscheln einfach am Strand aufsammeln.

Bei Flut musst du ein bisschen im Sand wühlen, um sie zu finden.

Miesmuscheln leben in Kolonien auf Felsen.

Die Strandschnecken sind oft unter Algen versteckt.

WIR BAUEN EINE FALLE FÜR STRANDSCHNECKEN

Strandschnecken haben eine sehr harte Schale und einen ohrenförmigen Deckel. Bei Ebbe verschließen sie ihr Haus.

In Felsennähe legst du bei Ebbe zwei große Steine auf den Sand.

Lege ein Brett darauf und beschwere es mit zwei Steinen.

Bei Flut setzen sich die Schnecken an der Unterseite fest.

So kannst du sie bei der nächsten Ebbe bequem einsammeln.

ES GIBT VIEL ZU ENTDECKEN

Am Strand wimmelt es nur so von kleinen Tieren, die du beobachten kannst. Und auch so mancher Schatz wird angespült!

Wenn du an den Strand getriebene Algen anhebst, wirst du hunderte von Wasserflöhen in Richtung Meer huschen sehen.

Dieser Junge hat eine Tintenfischplatte gefunden. Er will sie seinem Vogel mitbringen, damit er sich daran den Schnabel wetzen kann.

SPASS IM SAND

Aus feuchtem Sand kannst du viele tolle Dinge bauen: Berge, Burgen oder Tiere. Deine Bauten schmückst du mit Muscheln und Steinen.

Zuerst schaufelst du nassen Sand auf einen Haufen.

Dann gibst du dem Haufen eine Form: Schau, ein Berg!

Die Punkte vom Marienkäfer legst du mit großen Kieseln.

Mit der scharfen Kante deiner Schippe ritzt du die Schuppen ein.

EINE RIESIGE SANDBURG

Am besten baust du deine Sandburg bei Ebbe im feuchten Sand. Wenn die Flut kommt, verteidigst du sie gegen die Wellen.

LUSTIGE STRANDSPIELE

Wettläufe mit vollen Wassereimern auf dem Kopf machen nicht nur Spaß, sondern sind auch sehr erfrischend!

Der Läufer, der als erster mit dem vollen Eimer die Ziellinie erreicht, hat gewonnen. Und jetzt ein Brettspiel?!

Die beiden Spieler zeichnen ein quadratisches Spielbrett mit vier Zusatzlinien, die sich in der Mitte kreuzen, in den Sand. Der erste Spieler bekommt drei weiße, der zweite drei schwarze Kiesel. Der Spieler, dem es gelingt, zuerst drei Kiesel auf einer Linie zu legen, hat gewonnen.

Wenn man am Strand spielt, bekommt man schnell Sonnenbrand. Deshalb solltest du unbedingt Sonnencreme benutzen.

WÜSTENRALLYE

Male die Spielfelder und die Wurfscheibe in den Sand und lege mit Muscheln die verschiedenen Symbole aus.

Spielregeln:
Jeder Spieler legt einen Kiesel an den Start. Der jüngste Spieler wirft eine Muschel auf die Zielscheibe und darf dann seinen Stein um die Zahl vorwärts bewegen, wo die Muschel gelandet ist. Dann geht es im Uhrzeigersinn weiter. Der Spieler, der zuerst die Oase erreicht, hat gewonnen!

Vorsicht, Falle:
– Kamel: einmal aussetzen
– Schlange: Du musst mit der Muschel eine 4 werfen, bevor du weiterziehen darfst.
– Sanddüne: Zurück zum Start!

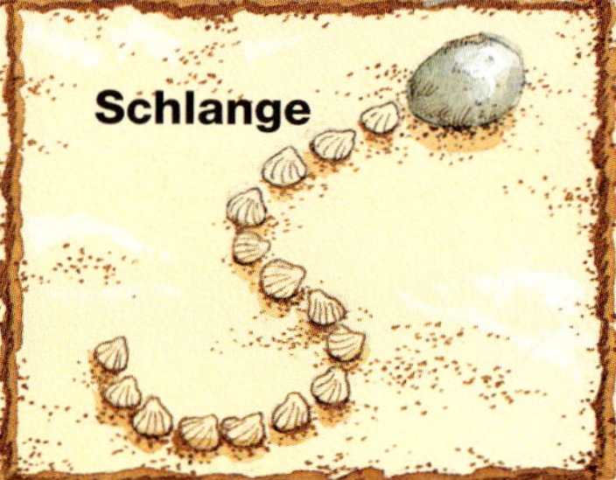

SCHATTENSPIELE

Auch wenn du gerade einmal nicht im Wasser bist, kannst du am Strand viel Spaß haben. Kennst du diese Spiele schon?

Ein Freund zeichnet mit dem Stiel einer Schippe deinen Schatten in den Sand. Jetzt schmückt ihr die Form mit Algen, Muscheln und Steinen.

Achtung, Schattenfangen! Der Fänger versucht mit seinem Fuß den Schatten eines Mitspielers zu berühren. Dann muss dieser fangen.

MIT VERBUNDENEN AUGEN

Wenn deine Augen verbunden sind, schärft das deine anderen Sinne: Du fühlst und hörst viel intensiver. Probiere es einfach selbst einmal!

Lege Algen, Kiesel, Muscheln usw. in eine Reihe.

Ein Mitspieler muss die Dinge nun paarweise zuordnen.

Ein Mitspieler, z.B. deine Mama, muss mit verbundenen Augen Geräusche erraten, die du selbst erzeugst.

DAS FISCHERNETZ

Mehrere Kinder stellen sich im Kreis auf: Sie spielen das Fischernetz. Die Kinder außerhalb des Kreises schlüpfen in die Rolle der Fische.

Die „Netz"-Kinder singen einen Abzählreim.

In dieser Zeit schlüpfen die Fische ins Innere des Netzes.

Ist das Lied zu Ende, schließt sich das Netz.

Die gefangenen Fische werden jetzt auch Teil des Netzes.

SPIELE IM FLACHEN MEERWASSER

Kannst du dir etwas Schöneres vorstellen, als mit deinen Freunden im Meer zu spielen? Hier findest du noch ein paar Ideen für eure Spiele!

Ihr bildet einen Kreis. Jeder Zweite lässt sich treiben.

Eins, zwei, drei! Und der Kopf ist unter Wasser!

Auf die Plätze, fertig ... los! Welche Schubkarre ist als erste im Ziel?

Wer taucht am schnellsten durch die Beingrätsche?

SAND IN ALLEN FARBEN DES REGENBOGENS

Verschiedene Schichten von buntem Sand sehen in Glasflaschen wunderschön aus und sind eine gelungene Deko-Idee.

Zuerst siebst du den Sand durch ein Küchensieb. Dann vermischst du ihn portionsweise mit verschiedenfarbiger Tinte. Lass ihn gut trocknen!

Nun füllst du den Sand in bunten Schichten in die Flasche.

Fülle die Flaschen ganz voll und verschließe sie gut.

EIN SCHIFF AUS SAND

Mit buntem Sand, Klebstoff und Buntstiften lassen sich tolle Sandbilder machen. Wie wäre es z.B. mit einem Sandschiff?

Zeichne auf festes Papier ein Schiff vor.

Verteile flächenweise den Klebstoff.

Streue den Sand darauf und schüttle das Überschüssige ab.

Schritt für Schritt wird so dein Sandbild fertig.

BASTELN MIT MUSCHELN

Damit die Muscheln später nicht komisch riechen, solltest du einen Erwachsenen bitten, sie kurz in kochendes Wasser zu legen.

Jede Muschelart hat eine besondere Form. Wähle aus, was dir gefällt!

Für diese Bastelideen brauchst du Klebstoff.

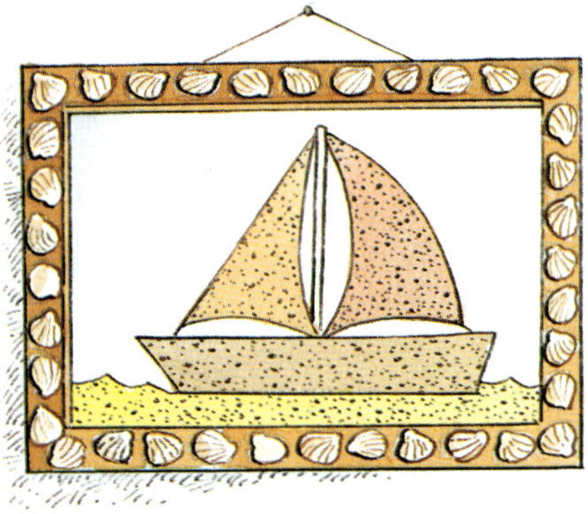

ein Bilderrahmen mit Muschelleiste

ein mit Strandschnecken beklebtes Ei

ein Muschel-Püppchen

eine Brosche:

Bemale eine Muschel und klebe auf die Rückseite etwas Watte.

Dann klebst du auf die Watte etwas Stoff, an dem du eine Sicherheitsnadel befestigst.

NATURSCHUTZ

Damit der Strand so schön bleibt, wie er ist,
muss man gut auf ihn Acht geben.

Müll gehört in die Mülltonne – nicht auf den Strand!

Das gilt besonders für Glas, denn daran kann man sich verletzen.

Benutze die Trampelpfade, um den Dünen nicht zu schaden.

Die Pflanzen festigen den Boden. Also bitte nicht ausreißen!

FERIEN AUF DEM LAND

FRÜHLING AUF DEM LAND

Schon auf diesem Bild gibt es einiges zu entdecken, doch auf den folgenden Seiten findest du noch viele weitere Bilder und Infos!

FRÜHLINGSBLUMEN

Wenn du Blumen pflückst, solltest du keine Wurzeln mit ausreißen, denn sonst kann die Blume nicht wieder austreiben.

Schlüsselblumen nennt man auch Primeln. Flieder gibt es mit weißen und violetten Blüten und Veilchen wachsen im Wald.

Buschwindröschen und Maiglöckchen wachsen im lichten Unterholz. Die Butterblume findest du dagegen meist auf freien Wiesen.

DIE NATUR ERWACHT

Schneide einen Zweig mit Knospen ab und stelle ihn in eine Vase. So kannst du genau beobachten, wie sich die Knospen öffnen.

Die Knospe öffnet sich und winzige Blättchen und die Blüte treiben aus der schützenden Wärme hervor.

Aus Kirschblüten werden Kirschen. Geißblatt riecht im Gegensatz zu Weißdorn wunderbar und die Heckenrose ist eine wilde Rosenart.

TIERE BEOBACHTEN

Dieses Haus steht so nah am Waldrand, dass man manchmal sogar Rehe sehen kann. Welche Tiere kannst du bei dir zu Hause beobachten?

Die Schnecke frisst die zarten Blätter.

Die Biene bestäubt die Blüten.

Der Marienkäfer legt seine Eier.

FRÜHLING AUF DEM BAUERNHOF

Viele Tierbabys kommen im Frühling auf die Welt.
Der Bauer zeigt dir sicher gerne die Jungen auf seinem Hof.

Immer wieder kontrolliert der Landwirt das Getreide.

Der Bauer füttert das neugeborene Kalb mit Milch.

Hier wird Mais in die Ackerfurchen gesät.

Im Gemüsegarten wird Lauch gepflanzt.

HALLO KLEINE TIERKINDER!

Die Vögel haben ihr Nest gebaut, die Frösche den Froschlaich gelegt. Bald werden die Jungen schlüpfen!

Eine Kuckucksdame hat ihr Ei in ein fremdes Nest gelegt. Sobald der kleine Kuckuck schlüpft, wirft er die anderen Eier aus dem Nest.

Fülle ein Einmachglas mit Wasser aus dem Tümpel und gib etwas Froschlaich hinein. So kannst du die Kaulquappen schlüpfen sehen!

SPURENSICHERUNG

Wenn der Boden feucht ist, findest du überall auf den Feld- und Waldwegen Tierspuren.

Deine Ausrüstung verstaust du am besten in einem Rucksack.

Forme mit dem Pappstreifen und der Büroklammer eine Abgussform.

Schütte nun vorsichtig die Wasser-Gips-Mischung in die Verschalung.

Nach einer halben Stunde ist dein Gipsabdruck fertig.

SPUREN LESEN

Diese Abbildungen helfen dir herauszufinden, welche Spur zu welchem Tier gehört.

Igel haben fünf kleine Krallen an jeder Pfote.

Das Wildschwein macht wegen seines Gewichts tiefe Spuren.

Der Hase macht mit seinen langen Pfoten gewaltige Sätze.

Mit seinen scharfen Krallen klettert das Eichhörnchen auf jeden Baum.

FRÜHLINGSZEIT – ERNTEZEIT?

Im Frühling kannst du nicht nur jungen Löwenzahn, sondern auch bestimmte Pilze sammeln. Bereits im April sprießen die ersten Pilzarten!

Die Morchel hat einen durchlöcherten Hut.

Der Mairitterling riecht stark nach frischem Mehl.

Junge Löwenzahnblätter schmecken wunderbar als Salat.

Diese junge Frau weiß, wo die besten Pilze wachsen. Nur ihre kleine Tochter kennt ihre geheimen Sammelplätze.

EIN BLUMENKRÄNZCHEN

Möchtest du dich wie ein Frühlingsprinz oder eine Frühlingsprinzessin fühlen? Dann bastle dir einen Blumenkranz!

Pflücke einen Strauß Blumen und bastle dir aus Papier ein Stirnband.

Dann klebst du doppelseitiges Klebeband auf den Papierreif.

Drücke die Blumen fest auf das Klebeband ...

... bis der ganze Reif voller Blüten ist. Schön!

EIN SCHAF ZEICHNEN

Wenn du einem Schafzüchter beim Scheren der Schafe zuschauen kannst, nimm dir etwas von der Wolle mit.

Das Scheren der Schafe geht sehr schnell und tut ihnen nicht weh.

Für dein Bild brauchst du Papier, Klebstoff und Filzstifte.

Klebe die Schafwolle aufs Papier: Das wird der Körper des Schafes!

Jetzt malst du Kopf und Beine dazu – und fertig ist dein Schaf!

SOMMER AUF DEM LAND

Die Sonne scheint und es ist richtig warm. Fällt dir auf, was sich im Vergleich zum Frühling auf dem Bild geändert hat?

SOMMERBLUMEN

Viele Feld- und Wiesenblumen sind inzwischen selten geworden und sollten deshalb nicht gepflückt werden. Aber anschauen darfst du sie!

Die zarte Mohnblume wächst in Weizenfeldern.

Wilde Kamille findest du am Wegesrand oder auf dem Feld.

Die Glockenblume verdankt ihren Namen der Form ihrer Blüten.

Die langstielige Kornblume hat fein gezackte Blütenblätter.

DIE WELT DER INSEKTEN

Wenn du dir einmal die Insekten in Ruhe aus der Nähe ansiehst, wirst du merken, wie interessant diese kleinen Lebewesen sind.

Der Marienkäfer ist auf Nahrungssuche: Er frisst Blattläuse.

Die Heuschrecke zirpt, indem sie ihre Beine an den Flügeln reibt.

Die Biene trinkt den Blütennektar, eine zuckrige Flüssigkeit.

Die Flügel des Schmetterlings bestehen aus winzigen Schuppen.

DIE TIERE AM TÜMPEL

Am Tümpel kannst du wunderbar Tiere beobachten. Am besten versteckst du dich mit einem Fernglas im Gebüsch am Ufer.

Der Tümpel ist ein stehendes Gewässer und nicht sehr tief.
Im Sommer ist das Wasser wegen der vielen Algen ganz grün.

ES GIBT VIEL ZU ENTDECKEN

Obst ernten, Vogelnester und Wildblumen suchen, Ameisen mit der Lupe beobachten – auf dem Land gibt es viel zu tun und zu entdecken!

Schon im Frühsommer sind die ersten Kirschen reif.

Der Grünspecht hackt ein Loch in den Baumstamm: sein Nest!

Wusstest du, dass die Winde immer nur einen Tag lang blüht?

Die Ameisen sind unermüdliche Arbeiter.

ERNTEZEIT

Wenn du nett fragst, lässt dich der Bauer sicher auf dem Traktor mitfahren. Aber pass gut auf dich auf!

Moderne Mähdrescher ernten das Getreide und trennen dabei gleich die Spreu vom Weizen. Die Getreidekörner landen auf dem Anhänger.

GETREIDESORTEN

Am Feldrand kannst du dir ein paar Getreidehalme abbrechen, um sie dir genauer anzusehen. Aber nur ein paar!

Aus Weizenkörnern wird Mehl gemacht.

Aus Futtermais wird Tierfutter hergestellt.

Pferde sind ganz verrückt auf Hafer.

Aus Gerste macht man Malz für Bonbons oder Bier.

MUSIKINSTRUMENTE AUS WALD UND FLUR

Mit Blättern, Gräsern und anderen natürlichen Materialien kannst du Musik machen. Vorsicht, manche Gräser sind scharfkantig!

Klemme einen frischen Grashalm zwischen die Daumen und puste.

Leere Schneckenhäuser kannst du dir als Kastagnetten nehmen.

Rolle ein glänzendes Blatt zu einer Tröte zusammen.

Puste in einen Löwenzahnstängel und drücke dabei das Ende zu.

BLÄTTER-SCHMUCK

Aus Efeu, Farn und Kastanienblättern kannst du tolle Kränze, Schärpen und sogar Röckchen basteln!

Aus einer langen Efeuranke wird im Nu ein Haarkranz.

Die Kastanienblätter kannst du mit Kiefernnadeln verbinden.

Schneide die Farnwedel möglichst weit unten ab ...

... und verknote sie an einem Gürtel aus Efeu.

EIN HÄUSCHEN AUS STROH

Dein selbstgebasteltes Strohhäuschen ist so winzig, dass es auf ein kleines Stück Pappe passt.

Lege dir alles, was du brauchst, vorher zurecht.

Zuerst zeichnest du dein Haus mit Bleistift auf Pappe vor. Dann verteilst du Klebstoff großzügig auf den einzelnen Flächen und klebst die „Baumaterialien“ auf.

MAMA MAIS

Im Spätsommer ist auf den Feldern der Mais reif. Wenn du freundlich fragst, darfst du dir sicher ein paar Kolben abmachen.

1) Kopf, Kragen, Hemd, Arme, Rock, Beine und Schuhe schneidest du aus den Blättern aus, in denen der Maiskolben steckt.

2) Die ausgeschnittenen Teile klebst du auf ein Stück Pappe.

3) Als Augen, Nase, Mund und Knöpfe klebst du einzelne Maiskörner auf.

4) Die dunklen Fäden an der Spitze des Maiskolbens verwendest du als Haare: Fertig ist Mama Mais!

Der Maiskolben gedeiht gut versteckt zwischen den Maisblättern. An der Spitze des Maiskolbens wächst ein lustiger Haarbüschel.

EIN DUFTENDES POTPOURRI

Ein Potpourri besteht aus Blüten und Pflanzen, die gut riechen und ihren Duft auch lange behalten. Suche dir deine Lieblingsdüfte aus!

Pass auf, dass du dich beim Rosenpflücken nicht stichst!

Lass die Blütenblätter auf Küchenkrepp trocknen ...

... und fülle sie abwechselnd mit grobem Salz in ein Einmachglas.

Hm, riecht das gut, wenn du den Deckel öffnest!

ÜBERRASCHUNGS-IMBISS

Belegte Brote sind auf Dauer langweilig. Überrasche deine Freunde doch einmal mit dem Clown-Toast oder einem Krabben-Hamburger!

CLOWN-TOAST

1) Bestreiche eine Scheibe Toastbrot mit Butter und belege sie mit Schinken.
2) Mit halbierten Eierscheiben legst du Augen und Mund.
3) Einen Klecks Ketschup für die Nase ...
4) ... und Petersilie für Schnurrbart und Haare!

KRABBEN-HAMBURGER

1) Schneide ein Brötchen in zwei Hälften.
2) Bestreiche die untere Hälfte mit Frischkäse.
3) Belege sie mit einem Salatblatt und zwei Shrimps – den Krabbenscheren!
4) Bohre mit dem Finger zwei Löcher in die obere Hälfte und stecke zwei Radieschen hinein: Das sind die Augen!

HERBST AUF DEM LAND

Die Hitze des Sommers ist der milden Herbstsonne gewichen. Schau nur, wie sich die Farben der Landschaft verändert haben!

BÄUME IM HERBST

Sicher stehen diese Bäume auch bei dir in der Nähe.
Aus ihren Blättern und Früchten kannst du tolle Sachen basteln.

Die Rosskastanie reift in einer stacheligen grünen Schale.

Viele Tiere fressen gerne die Bucheckern der Buche.

Birken erkennst du an ihren weißen Stämmen.

Die Früchte der Eiche nennt man Eicheln.

KLEINE UND GROSSE TIERE

Auch im Herbst kannst du auf den Feldern und im Wald Tiere beobachten. Viele Tiere erkennst du schon an ihrem Ruf.

Die Schwalben sammeln sich für ihren Flug in den warmen Süden.

Das Eichhörnchen legt seinen Wintervorrat an.

Hase und Rebhuhn sind den Jägern gerade noch entkommen!

Wenn der Hirsch brüllt, spricht man von Röhren.

APFELERNTE

Wenn du in einem Obstanbaugebiet Urlaub machst, darfst du sicher bei der Apfelernte helfen. Hilfe ist stets willkommen!

Die herunter geschüttelten Äpfel werden eingesammelt.

Ein Teil der Äpfel wird zu Apfelsaft gepresst.

Um Apfelwein zu machen müssen die Apfel überreif sein.

Die faulen Äpfel werden aussortiert.

PILZE SAMMELN

Pilze solltest du nur in Begleitung Erwachsener sammeln, die sich gut damit auskennen. Die schönsten Pilze sind oft die giftigsten!

ESSBARE PILZE:

(nur mit einem Erwachsenen sammeln!)

GIFTIGE PILZE:

WICHTIG: Während du Pilze sammelst, solltest du mit den Händen weder an den Mund noch an die Augen fassen. Nach dem Pilze sammeln sofort Hände waschen!

– Totentrompete

– Steinpilz

– Pfifferling

– Fliegenpilz

– Satanspilz

– Grüner Knollenblätterpilz

Dieses Mädchen sammelt mit seiner Mama Maronenröhrlinge. Aber Vorsicht! Nicht alle Röhrlinge sind essbar!

EIN HERBSTSTRAUSS

Dieser Herbststrauß sieht schön aus und ist ganz einfach zu machen! Natürlich kannst du ihn nach deinem Geschmack verändern.

DU BRAUCHST:

Holzspießchen

eine zur Hälfte mit Sand oder Erde gefüllte Vase

Maiskolben

rote und grüne Äpfelchen

einige schöne Zweige

Zweige mit Beeren, z.B. mit Hagebutten oder Weißdorn

Die Äpfelchen und die Maiskolben spießt du auf die Holzspießchen und steckst sie dann in die Vase.

BLÄTTER-BILDER

Um ganz kleine und zarte Blätter zu bearbeiten benutzt du am besten eine Pinzette.

Schnurrhaare und Schwanz sind aus Halmen oder Stängeln.

Vor dem Aufkleben legst du die Figur erst einmal so vor.

Augen, Mund und Nase malst du mit Filzstift auf.

Die schönsten Blumen legst du aus buntem Herbstlaub.

SPIEL UND SPASS MIT AHORNFRÜCHTEN

Die Früchte des Ahornbaums sehen aus wie ein Flügelpaar. Wenn sie im Herbst von den Bäumen fallen, drehen sie sich wie Propeller.

Wenn die heruntergefallenen Ahornfrüchte nicht zu trocken sind, kannst du sie an der Verdickung aufspalten und dir fest auf die Nase drücken. Jetzt siehst du fast wie ein Nashorn aus!

Mit den gesammelten Ahornfrüchten lassen sich mithilfe von Klebstoff, Papier und Stiften auch tolle Bilder machen.

Dieses Männchen hat statt Armen Flügel aus Ahornfrüchten.

Die Flügel dieses Schmetterlings stammen auch vom Ahorn.

SPIEL UND SPASS MIT TANNENZAPFEN

Tannenzapfen haben holzige Schuppen und fallen im Herbst von den Tannen herunter.

Tannenzapfen reagieren auf das Wetter. Bei schönem Wetter öffnen sich die Schuppen, bei Regen verschließen sie sich. Probiere es aus!

Du kannst den Tannenzapfen bemalen ...

... oder aus den Schuppen, Ästen und Moos einen Baum basteln.

KASTANIEN-KLECKSE

Bei deinem nächsten Waldspaziergang kannst du Rosskastanien und Eicheln sammeln. Hebe sie aber nicht zu lange auf – sie faulen!

Rühre die Farbe mit Wasser an.

Mit Klebeband befestigst du ein Blatt Papier im Deckel eines Schuhkartons.

Suche dir drei Farben aus.

Tauche eine Kastanie oder eine Eichel in Farbe und lege sie mit einem Löffel aufs Papier. Wenn du vorsichtig den Deckel hin und her bewegst, gibt das tolle Muster. Nun kommt eine andere Farbe dran!

HERBST-MOBILE

Bastelst du gerne mit Hammer und Nägeln? Dann bitte einen Erwachsenen, dir beim Bau dieses Mobile zu helfen.

Tannenzapfen – Kastanien – Eicheln – Hammer – Holzstäbe – festes Nähgarn – Nagel

Binde zwei Holzstäbe mit Schnur über Kreuz zusammen.

Binde die Tannenzapfen an einen Faden.

Mit Hammer und Nagel bohrst du ein Loch in die Kastanien und Eicheln.

Fädle Eicheln und Kastanien auf die Schnur und mache oberhalb und unterhalb jeder Frucht einen Knoten. (Nimm eine Nadel, wenn das Einfädeln nicht klappt.)

Knote die einzelnen Waldfrucht-Ketten an die beiden Holzstäbe und schiebe sie solange hin und her, bis das Mobile im Gleichgewicht ist.

OBSTHÄNDLER

Stell dir vor, du wärest ein Obsthändler. Mit welchen Früchten und Beeren des Waldes würdest du deine Kunden verwöhnen?

4

5

6

7

3

2

1

1 – Die schwarzen Holunderbeeren lässt du für die Vögel hängen.
2 – Die roten Weißdornbeeren schmecken nicht gut.
3 – Aus den Brombeeren könnten deine Kunden Marmelade kochen.
4 – Manche Waldtiere fressen Rosskastanien.
5 – Esskastanien schmecken geröstet oder gekocht sehr gut!
6 – Frische Haselnüsse für den Kuchen!
7 – Wildschweine haben Eicheln zum Fressen gern!
8 – Bucheckern sind ein echter Leckerbissen für den Hirsch.
9 – Eichhörnchen knabbern die Samen aus den Tannenzapfen.

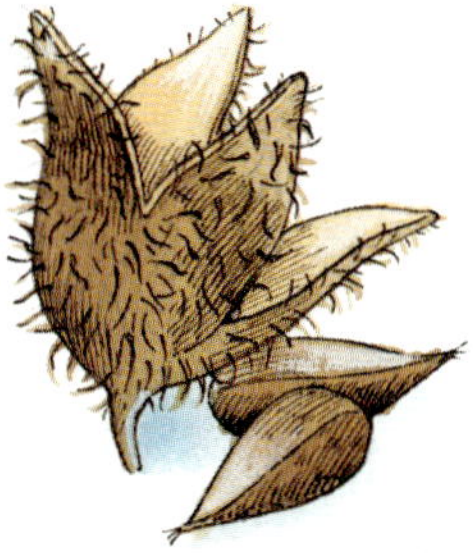

8

9

Einige Früchte und Beeren sind für den Menschen giftig. Deshalb solltest du nur sammeln, was du genau kennst!

BROMBEER-TORTE

Brombeeren wachsen an Hecken am Waldrand. Pflücke nur die dunklen Beeren und pass auf, dass keine faulen dabei sind.

Verrühre 300 g Quark, 100 g Brombeeren und 4 Esslöffel Zucker.

Weiche Löffelbiskuits in Milch ein und lege Rand und Boden einer Schüssel damit aus.

Gib abwechselnd eine Schicht Krem und eine Schicht Löffelbiskuits in die Schüssel – bis sie voll ist.

Dann stellst du die Torte über Nacht in den Kühlschrank. Morgens stürzt du sie auf einen Teller und verzierst sie.

WINTER AUF DEM LAND

Die Natur hält ihren Winterschlaf. Doch auf dem Bauernhof gibt es trotz der Kälte viel zu tun.

DIE TIERWELT IM WINTER

Die Schnecke hat sich in ihr Schneckenhaus zurückgezogen. Dort ist es schön warm. Der Fuchs hat es nicht so gut getroffen!

Die Drossel frisst die hellen Mistelbeeren.

Die Fledermaus hängt kopfüber an einer Höhlendecke und schläft.

Die Schnecke hat ihr Haus mit einer Schleimschicht verschlossen.

Der Fuchs hat Hunger. Ob er vielleicht ein Huhn fangen kann?

WINTER AUF DEM BAUERNHOF

Wenn du einen Bauern kennst, besuche ihn doch einfach mal und frage ihn, was er im Winter alles zu tun hat.

Der Bauer sägt abgestorbene Äste ab.

Jetzt wird auch der Lauch im Gemüsegarten geerntet.

Die Bäuerin füttert die Kühe, die im Winter im Stall bleiben müssen.

Der Bauer repariert die Weidezäune für den Frühling.

DEKO-IDEEN MIT STECHPALMZWEIGEN

Die Blätter der Stechpalme sind auch im Winter saftig grün. Mit etwas Geschick kannst du sie festlich dekorieren.

Die Zweige schneidest du mit einer Gartenschere zurecht.

Bemale die Blätter mit roter und gelber Lackfarbe.

Binde die Zweige mit einer großen roten Schleife zusammen.

Das Gesteck sieht auf dem Tisch wunderschön aus!

EIN FUTTERTOPF FÜR DIE MEISEN

Wenn im Winter der Boden gefroren ist, finden die Meisen wenig Futter. Ein Futterplatz muss her! Aber wie?

Fülle Sonnenblumenkörner und Schmalz in einen Blumentopf.

Bitte einen Erwachsenen, einen Besenstiel in die Erde zu rammen.

Dann steckst du den Topf umgekehrt auf den Besenstiel.

Als Vogeltränke stellst du eine Schale lauwarmes Wasser dazu.

VOM AST ZUM TIER

Schau dir die Ast- und Rindenstücke, die du sammelst, genau an. Welches Tier könntest du daraus machen? Hier ein paar Ideen!

Zuerst sammelst du im Wald ein paar heruntergefallene Äste.

Benutze Farben, die auch für Holz geeignet sind.

Wenn das nicht wie eine Giraffe aussieht!

Eine Schlange und ein Hai leisten der Giraffe Gesellschaft.

WINTERLICHE SCHOKO-LECKEREI

Aus tiefgefrorenem Blätterteig und Blockschokolade machst du im Handumdrehen köstliche Schokotäschchen.

Schneide den Blätterteig in 10 cm große Quadrate.

Schlage in jedes Teigquadrat eine Rippe Schokolade ein.

Backe sie 10 Minuten im heißen Backofen.

Bestreiche sie mit Eigelb und backe sie weitere 5 Minuten.

EIN GUTER RAT ZUM SCHLUSS

Die Landwirte und Förster kennen sich mit der Natur aus. Von ihnen kannst du viel lernen! Höre auf ihre Ratschläge.

Ritze bitte nichts in die Rinde ein. Das schadet dem Baum.

Reiße bitte keine Baumsetzlinge aus. Lass die Bäume wachsen!

Schließe immer gut die Gatter, damit die Tiere nicht weglaufen.

Trampel bitte nicht die Getreidefelder kaputt.

FERIEN IN DEN BERGEN

SOMMER IN DEN BERGEN

Wenn du dir dieses Bild genau ansiehst, weißt du, was du im Sommer alles in den Bergen unternehmen kannst.

GEBIRGSBLUMEN

Im Frühsommer wachsen die schönsten Gebirgsblumen.
Je weiter oben die Blumen vorkommen, desto kürzer ist ihr Stängel.

Der Gelbe Enzian blüht erst nach 10 Jahren zum ersten Mal.

Die Blüten des Blauen Enzians schließen sich abends.

Die Bergdistel wird auch als „Königin der Alpen" bezeichnet.

Das Edelweiß schützt sich mit weißen Härchen gegen die Kälte.

Die Blüte der Bergaster duftet leicht nach Vanille.

Die Waldanemone ist im Vergleich zu anderen Anemonenarten sehr selten.

Es macht Spaß beim Wandern nach diesen wunderschönen Blumen Ausschau zu halten. Pflücken darfst du sie aber nicht.

DIE VOGELWELT IN DEN BERGEN

Auerhahn und Rebhuhn sind sehr scheu, aber mit etwas Glück kannst du den Flug des Adlers und der Bergdohle beobachten.

Der Steinadler packt seine Beute mit seinen mächtigen Greiffüßen.

Das Federkleid des Schneehuhns wird im Winter weiß.

Auerhähne sind etwa so groß wie ein Huhn und leben in Gruppen.

Die Bergdohle nistet hoch oben in den Bergen.

BESUCH IN EINER KÄSEREI

In der Käserei kannst du zusehen, wie aus der guten Alpenmilch Käse gemacht wird.

Zunächst wird die Milch in einem großen Bottich erwärmt.

Dann wird die warme Milch eingedickt.

Unter Rühren verwandelt sich die Milch zu Käse.

Die Käsemasse tropft in einer Form mit vielen Löchern ab.

Im Sommer sind Milch und Käse von besonders guter Qualität, denn die Kühe weiden auf saftigen Bergwiesen mit vielen Kräutern.

Der Käse wird in einem Holzring auf eine Holzplatte gestürzt ...

... und maschinell in Form gepresst.

Hier wird der Holzring entfernt und der Käse gesalzen.

Vor dem Verkauf reift der Käse mehrere Monate im Keller.

EINE GLETSCHERWANDERUNG

Bei einem Gletscher hat sich Schnee zu dickem Eis verdichtet. Ausläufer des Gletschers gleiten wie ein Fluss aus Eis talwärts.

VORBEREITUNGEN FÜR DIE GLETSCHERWANDERUNG

Eine Wanderung ist ein langer Spaziergang – in unserem Fall auf schmalen Bergpfaden. Gute Ausrüstung ist wichtig!

Du solltest festes Schuhwerk tragen, denn die Wege sind steinig.

Nimm dir einen Pulli, eine Flasche Wasser und etwas zu essen mit.

Sonnencreme schützt dich vor einem Sonnenbrand ...

... und eine Mütze vor einem Sonnenstich!

DEM WASSER AUF DER SPUR

Weißt du, wo die Wildbäche, die du bei deiner Wanderung siehst, entspringen? Nein? Dann folge einfach einmal dem Bachbett bergauf.

Der Wildbach sprudelt munter den Berg hinab.

Im Sommer fließt Schmelzwasser vom Gletscher in den Bach.

Unterirdische Bäche treten als Quelle oder als Wasserfall wieder zutage.

BESUCH BEI EINEM SCHÄFER

Begegnest du bei deinen Wanderungen einem Schäfer, dann frage ihn doch einmal, wie er die einsamen Tage in den Bergen zubringt.

Der Schäfer passt auf, dass kein Schaf davonläuft.

Zweimal täglich melkt er die Mutterschafe.

Aus ihrer Milch wird Schafskäse gemacht und dann verkauft.

Der Schafhirte schläft in einer Hütte aus Stein oder Holz.

EINE NACHT AUF DER ALMHÜTTE

Wenn ihr eine längere Wandertour vorhabt, könnt ihr in einer Almhütte übernachten und erst am nächsten Tag wieder absteigen.

Alle haben auch einen Schlafsack in ihren Rucksack gepackt.

Schau nur! Junge Murmeltiere spielen neben ihrem Bau!

Mit dem Fernglas siehst du Steinböcke herumspringen.

Die Almhütte dient Wanderern zum Ausruhen und Übernachten.

Vor dem Abstieg müsst ihr die Hütte wieder aufräumen, damit auch die nächste Wandergruppe alles ordentlich vorfindet.

In der Hütte übernachten viele Wandergruppen.

Mit etwas Glück siehst du vielleicht eine Gämse aus der Nähe!

Ihr folgt dem Weg hinab ins Tal.

Bald wird es dunkel.
Auf Wiedersehen, liebe Ziegen!

EINE NACHT IN DEN BERGEN

Natürlich kannst du die Nacht auch im Zelt verbringen. Auf jeden Fall sollte dich aber ein Erwachsener bei diesem Abenteuer begleiten!

Das Zelt schützt euch vor Tau und Regen.

Traust du dich, dich im eiskalten Wasser zu waschen?

Abends sammelst du trockenes Holz für ein Lagerfeuer ...

... oder suchst Sternschnuppen am Nachthimmel.

STEINE SAMMELN

In den Gebirgsbächen findest du viele wunderschöne und seltsam geformte Steine. Einige stammen von einem Gletscher.

Das Wasser schleift die Steine rund und macht sie zu glatten Kieseln.

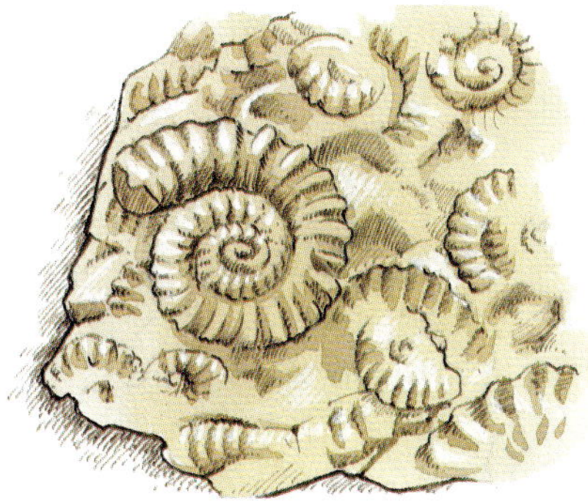

Hier siehst du versteinerte Tiere, die vor Millionen von Jahren lebten.

Gletscherfelsen haben Rillen in diesen Kalkstein gegraben.

Suche dir zum Steine sammeln eine Stelle aus, wo das Wasser weder tief noch reißend ist. Bitte einen Erwachsenen, dich zu begleiten.

BAU EINES RADDAMPFERS

Deinen Raddampfer solltest du nur in ruhigen Wasserläufen fahren lassen, damit ihn die Strömung nicht kaputtmacht.

Binde vier Holzstücke mit Schnur zu einem Rechteck zusammen.

Die Radflächen schneidest du aus hölzernen Käseschachteln aus.

Mit einem Gummiband fixierst du das Rad in der Mitte.

Drehe das Rad ein paar Mal, dann lässt du dein Boot zu Wasser.

ES KLAPPERT DIE MÜHLE AM RAUSCHENDEN BACH!

Um diese kleine Wassermühle zu bauen brauchst du nur eine hölzerne Käseschachtel, zwei Holzstäbe und zwei Gummibänder.

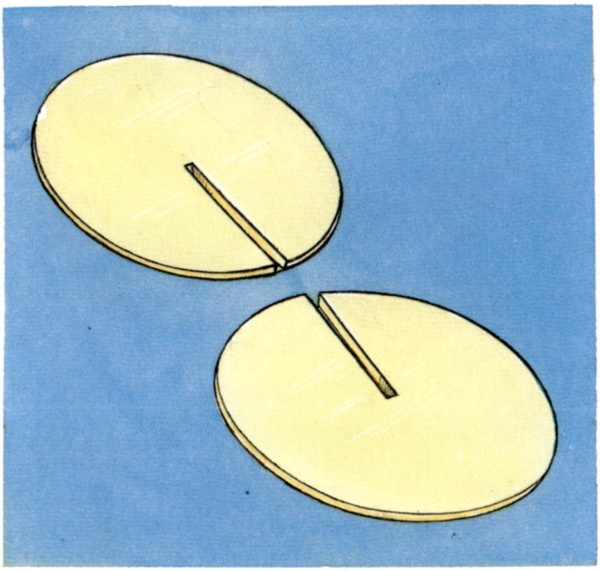

Schneide in Boden und Deckel der Käseschachtel je einen Schlitz.

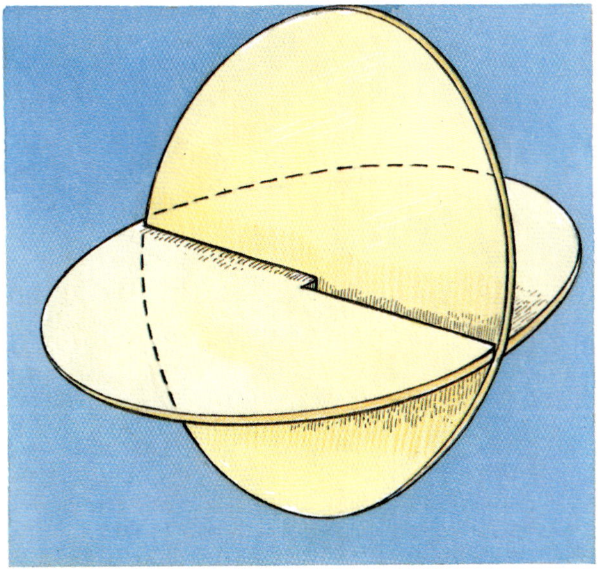

Stecke die Kreise rechtwinklig ineinander: Das Mühlrad!

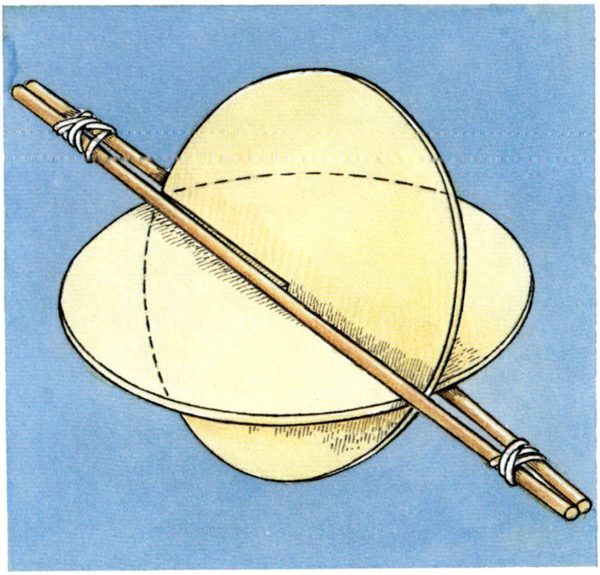

Lege die Stäbe an die Nahtstelle. Fixiere sie mit Gummibändern.

Zwei Astgabeln dienen deiner Wassermühle als Aufhängung.

EIN WINZIGES HÄUSCHEN

Am einfachsten geht der Bau deines Häuschens mit einer leeren Pralinenschachtel. Aber es funktioniert auch mit anderen Kartons.

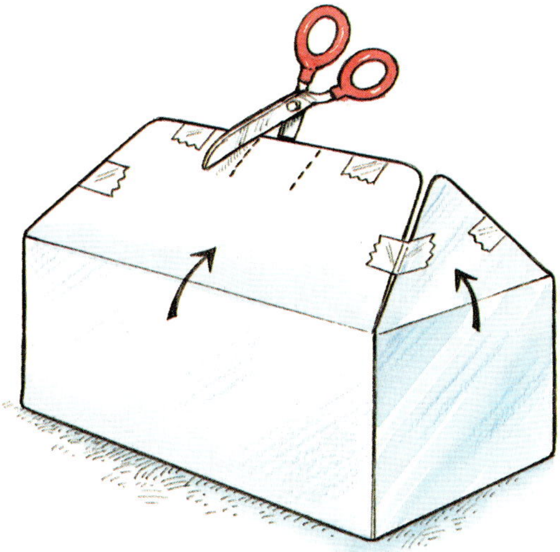

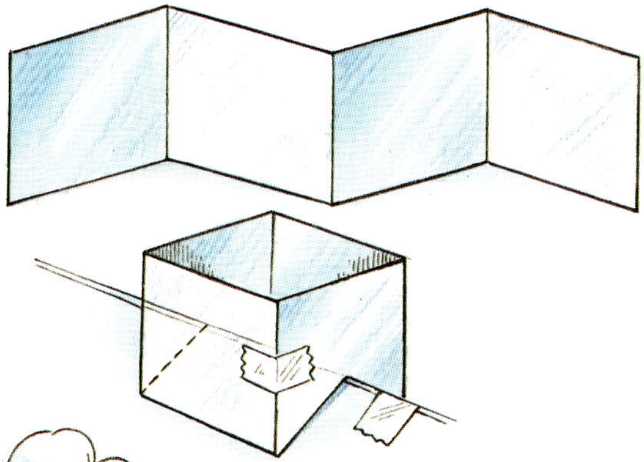

Das Dach:
Klebe die beiden breiten Teile des Deckels Kante an Kante mit Klebeband zusammen. Dann schneidest du die Seitenteile des Deckels zurecht und klebst sie ans Dach.

Der Schornstein:
Falte ihn aus einem Papierstreifen.

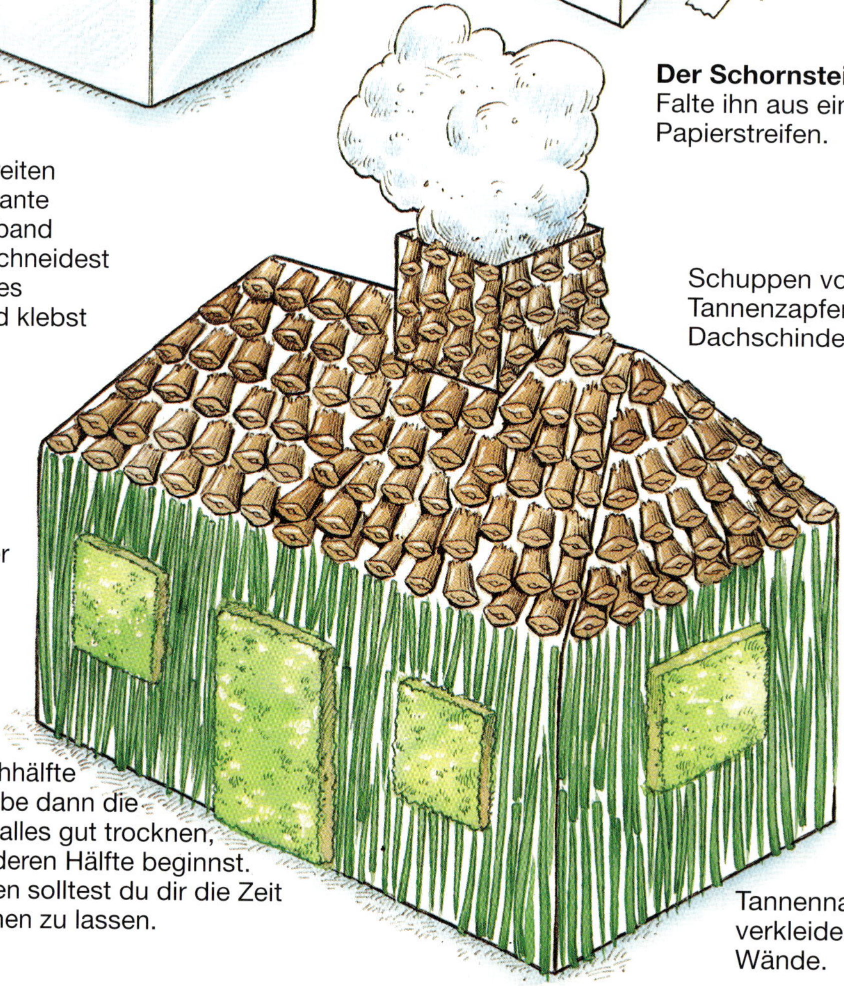

Schuppen von Tannenzapfen als Dachschindeln

Moos für Fenster und Türen

Bestreiche eine Dachhälfte mit Holzleim und klebe dann die Schindeln auf. Lass alles gut trocknen, bevor du mit der anderen Hälfte beginnst. Auch bei den Wänden solltest du dir die Zeit nehmen, alles trocknen zu lassen.

Tannennadeln verkleiden die Wände.

SCHÜTZT DIE BERGWELT

Du solltest Bäume, Blumen und Tiere im Gebirge schützen, denn sie machen den Urlaub hier so wunderschön!

Viele Pflanzen sind sehr selten. Also bitte nicht pflücken!

Wenn du fernab der Wege läufst, zertrampelst du Blumen.

Picknick in den Bergen macht Spaß! Aber lass keinen Müll liegen!

Die kleinen Wildtiere fürchten sich vor Hunden und lauter Musik.

WINTER IN DEN BERGEN

Erinnerst du dich noch an das Bild, das die Berge im Sommer zeigt? Jetzt ist alles von Schnee bedeckt und Wintersport ist angesagt.

AUF DER RODELBAHN

Ob mit oder ohne Schlitten – Rodeln und Schlittern macht immer einen Riesenspaß!

Als Rodelbahn eignen sich besonders Hänge, die in einem Feld oder einer Wiese auslaufen und nicht an einer Straße enden, denn so ein Schlitten ist nicht immer leicht zu bremsen!

Plastiktüten-Rodeln ist nicht ganz einfach, aber ungeheuer lustig!

Im tiefen Schnee kannst du wundersame Fußspuren oder einen Ganzkörperabdruck machen: einen Schneeengel!

EIN SCHNEEMANN

Für Kopf und Körper rollst du zwei große Schneekugeln, die du aufeinander legst. Die Füße sind zwei kleinere Schneekugeln.

Für die Arme steckst du zwei Äste in den Körper und drückst Schnee daran fest.

Leider schmilzt dein Schneemann, sobald es wärmer wird. Deshalb solltest du unbedingt ein Foto zur Erinnerung machen!

LUSTIGE TIERE AUS SCHNEE

Am meisten Spaß machen tierische Schneeskulpturen, wenn man sie zusammen mit vielen Freunden baut!

Viele große Schneebälle hintereinander – fertig ist die Schlange!

Eine halbe Schneekugel bildet den Panzer der Schildkröte.

Vor diesem freundlichen Schneemonster fürchtet sich kein Kind!

Der Eisbär besteht aus kleinen und großen Schneebällen.

SCHNEE-BOULE

Zeichne mit dem Stock einen Kopf in den Schnee.
Augen, Nase und Mund sind Stiefelabdrücke.

Jeder Spieler hat die gleiche Anzahl Schneebälle.

Punkte pro Treffer:
- in den Mund: 1 Punkt
- in die Nase: 2 Punkte
- in die Augen: 3 Punkte

Der Spieler mit den meisten Punkten gewinnt.

Stellt euch vier Schritte vom Kopf entfernt zum Werfen auf.

Der erste Spieler wirft den ersten Schneeball. Trifft er ein Ziel, darf er noch einmal werfen. Sonst ist der zweite Spieler an der Reihe.

WIR BAUEN EINE SCHNEEHÜTTE

Am besten baust du diese Schneehütte zusammen mit ein paar Freunden. Zum Schluss legst du sie mit Müllsäcken aus.

Ritze mit einem Skistock ein großes Rechteck in den Schnee.

Die Mauern sind aus vielen Schneebällen zusammengesetzt.

Für das Dach legst du gitterförmig Äste auf.

Über die Äste legst du Müllsäcke und bedeckst sie mit Schnee.

SCHNEEMÄNNER – EINFACH ZUM ANBEISSEN

Wenn ihr genug im Schnee getollt habt, könnt ihr auch in der warmen Küche Schneemänner bauen ... aus Marzipan!

Vor dem Marzipankneten solltest du dir die Hände waschen.

Eine große Kugel für den Körper, eine kleine Kugel für den Kopf.

Verziere sie mit Trockenobst oder kandierten Früchten.

Ein Zahnstocher als Besen und eine Mütze aus Marzipan.

EIN IGLU ZUM NACHTISCH

Kaufe im Supermarkt eine große Packung Vanilleeis und verwandle sie in ein Iglu. Du wirst sehen – es schmeckt dann doppelt lecker!

Stürze das Vanilleeis auf einen mit Alufolie ausgelegten Teller.

Mit Messer und Kuchengabel gibst du dem Eis die richtige Form.

Dann ritzt du das Muster von Eisblöcken in dein Iglu.

Ein Schokokeks markiert den Eingang. Guten Appetit!

SCHNEEVULKANE

Kerzenlicht gehört zu Weihnachten einfach dazu. Aber hast du schon einmal daran gedacht, einen Schneevulkan zum Leuchten zu bringen?

Zuerst schüttest du kleine Schneeberge auf, deren Spitze du etwas aushöhlst. In diese winzigen Krater steckst du dann eine Kerze.

FENSTERDEKO

Schneeflocken sind – genau betrachtet – wunderschöne Kristalle.
Aus Seidenpapier kannst du sie nachbasteln.

Schneide aus Papier ein Quadrat von 20 cm Seitenlänge aus.

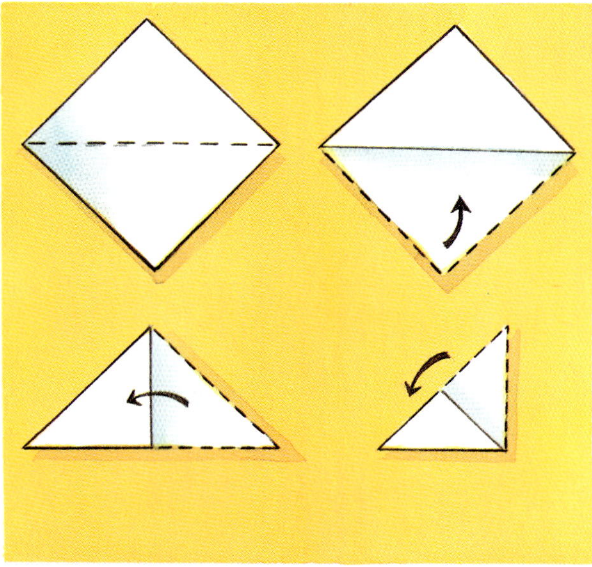

Falte das Papierquadrat wie auf der Zeichnung.

Zeichne die schraffierten Linien auf und schneide sie aus.

Falte das Papier auseinander und klebe es ans Fenster.

FERIEN ZUHAUSE

WEIHNACHTSSTERNE

In den Weihnachtsferien hast du viel Zeit, Weihnachtsschmuck für den Tannenbaum und andere Weihnachtsdekorationen zu basteln.

Schneide aus Buntpapier sechs gleich große Streifen aus.

Lege die Streifen übereinander und bohre ein Loch in die Mitte.

Hefte die Streifen mit einer Musterklammer zusammen.

Runde die Ecken ab und fächere die Streifen auf: eine Blüte!

EIN KERZENLEUCHTER FÜR WEIHNACHTEN

Dieser Kranz aus Salzteig wird im Handumdrehen ein weihnachtlicher Kerzenleuchter. Stell eine Untertasse unter, damit das Wachs nicht tropft.

Verknete in einer Schüssel:
- ein Glas Mehl
- ein Glas Salz
- etwas Wasser

Halbiere die Salzteigmasse und forme aus jedem Klumpen eine Teigwurst.

Flechte die beiden Stränge ineinander und verbinde die Enden zu einem Kreis.

Lass den Kranz zwei Stunden bei niedriger Hitze im Ofen trocknen.

Stecke eine Kerze in deinen Leuchter.

EIN PUZZLE-BILD

Hast du noch keine gute Geschenkidee für Weihnachten? Vielleicht wäre ein selbstgemachtes Puzzle genau das richtige!

Male ein schönes buntes Bild auf dünne Pappe.

Auf die Rückseite zeichnest du Puzzleteilchen ein.

Schneide die aufgemalten Puzzleteilchen sorgfältig aus.

Jetzt musst du dein Puzzle nur noch schön verpacken.

BLUMEN IM EIS

Deine Eisblumen werden den Weihnachtstisch zieren, wenn du diese kleine Überraschung im Frühling vorbereitest.

Die Blumen überwintern in einem Behälter mit Mineralwasser.

Binde ein Sträußchen Blumen mit einer Schnur zusammen.

Stelle das mit Wasser und Blumen gefüllte Gefäß ins Gefrierfach.

Lege die Eisblumen in eine mit Wasser gefüllte Glasschüssel.

WUNDERBARE LUFTBALLONS

Mit einfachen Luftballons kannst du Familie und Freunde schwer in Erstaunen versetzen.

Blase die Ballons auf und verknote sie.

Reibe sie lange und kräftig an einem Wollpulli ...

... und halte sie an die Decke oder die Wand: Sie bleiben kleben!

Reibe zwei Ballons. Halte sie an den Schnüren: Sie stoßen sich ab!

DAS FEST DER HEILIGEN DREI KÖNIGE

An diesem Feiertag im Januar verkleiden sich viele Kinder als die Heilige Drei Könige aus dem Morgenland.

EINE KRONE

– Schneide einen 10 cm breiten und ca. 40 cm langen Papierstreifen zurecht (Miss deinen Kopfumfang mit einer Schnur).
– Schneide in die Oberkante Zacken.
– Klebe den Streifen mit Klebeband zu einem Reif zusammen.
– Loche jeden Zacken deiner Krone.
– Schneide aus Alufolie 0,5 cm breite und 10 cm lange Streifen zurecht.
– Ziehe einen Alustreifen durch ein Loch und klebe die Enden zu einem Ring zusammen.
– Den nächsten Streifen fädelst du durch den ersten Aluring...

EIN KÖNIG IM SPIEGEL

– Schneide aus Papier eine Krone aus. Verziere sie und klebe sie mit Klebeband an den Spiegel.
– Bastle einen Wattebart und klebe ihn darunter.
– Wenn du nun in den Spiegel schaust, blickt dir ein kleiner König entgegen! Deine Freunde wollen sicher auch einen Blick riskieren!

ALS KATZE ZUM KINDERKARNEVAL

Wenn du deine Katzenmaske und die Mäuseschuhe fertig gebastelt hast, brauchst du nur noch etwas Schwarzes anzuziehen.

Die Katzenmaske

– Für den Katzenkopf benötigst du einen Pappteller.
– Knicke den Tellerrand um, damit die Maske später gut am Gesicht anliegt.
– Die Ohren schneidest du aus Pappe aus.
– Strohhalme dienen als Schnurrhaare.
– Stanze auf Ohrhöhe zwei Löcher in die Maske und knote daran ein Gummiband fest, das später die Maske vor deinem Gesicht hält.

Die Mäuseschuhe

– Nähe Ohren aus schwarzem Filz an deine Hausschuhe.
– Als Augen und Nase nähst du Perlen auf.

Jetzt fehlt dir eigentlich nur noch ein Schwanz zur perfekten Katze. Am besten schneidest du aus schwarzem Filz ein langes Band zurecht und klebst an die Schwanzspitze einen Wattebausch.

EIN WASSERMANN

Ein Gummiband hält die Maske vor deinem Gesicht.
So bleibst du im bunten Karnevalstreiben gänzlich unerkannt!

Das alles brauchst du für deine Wassermann-Maske.

Schneide für Mund und Augen Löcher in den Pappteller.

Wangen-Fische und Brauen-Schiffe sind aus Pfeifenputzern.

Im Bart glänzen Sterne; die Haare sind aus Geschenkband.

APRIL, APRIL!

Der 1. April ist der Tag der Streiche. Du könntest z.B. einem deiner Freunde unbemerkt einen Papierfisch an den Rücken heften.

Der Körper ist aus Stoff, die Flosse aus gefaltetem Papier.

Hier ist die Flosse aus klein geschnittenen Luftschlangen.

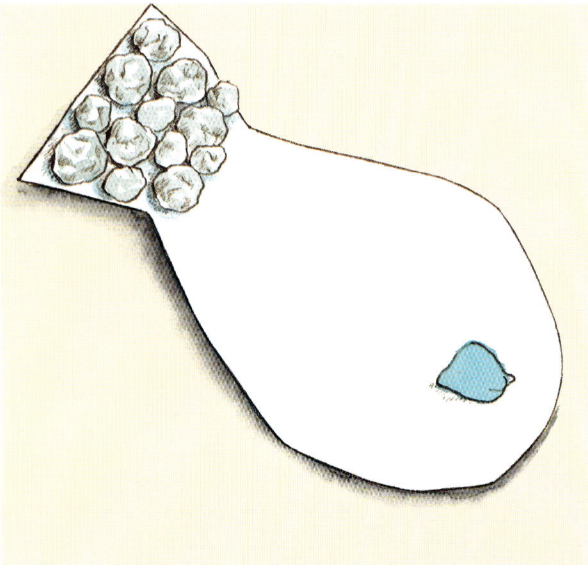

Kleine Kugeln aus Alufolie verzieren diesen Fisch.

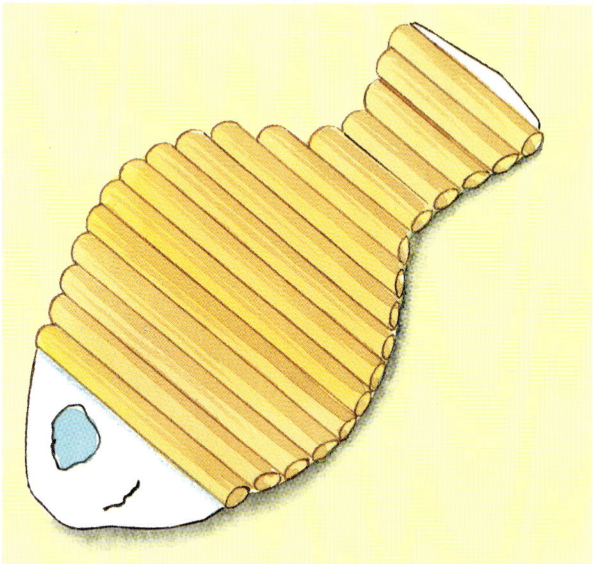

Du kannst auch Strohhalme auf deinen Fisch kleben.

SCHMINK DICH ZUR WETTERFEE

Lege dir vor dem Schminken ein Tuch um, damit deine Kleider nicht schmutzig werden. Am besten schminkst du dich vor einem Spiegel.

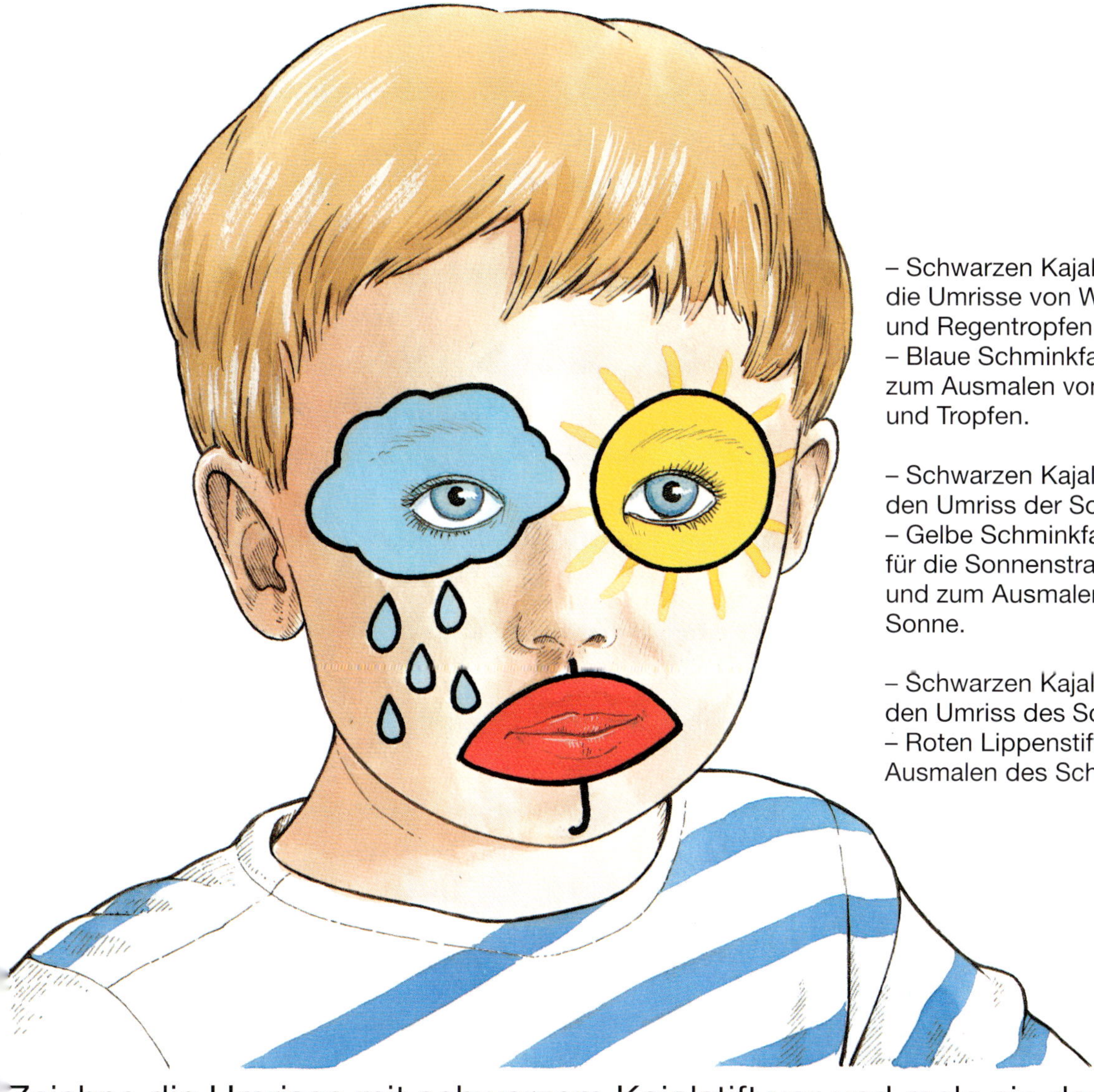

- Schwarzen Kajalstift für die Umrisse von Wolke und Regentropfen.
- Blaue Schminkfarbe zum Ausmalen von Wolke und Tropfen.

- Schwarzen Kajalstift für den Umriss der Sonne.
- Gelbe Schminkfarbe für die Sonnenstrahlen und zum Ausmalen der Sonne.

- Schwarzen Kajalstift für den Umriss des Schirms.
- Roten Lippenstift zum Ausmalen des Schirms.

Zeichne die Umrisse mit schwarzem Kajalstift vor und male sie dann bunt aus. Zum Schluss ziehst du die schwarzen Linien nochmals nach.

LUSTIGE OSTEREIER

An Ostern sammelst du sicher mit Begeisterung Schokoladen-ostereier. Aber hast du selbst schon Ostereier gebastelt?

Eier ausblasen:

– Bitte einen Erwachsenen, oben ein kleines Loch ins Ei zu stechen und unten ein größeres.
– Puste in das obere Loch, bis das Ei ganz ausgeblasen ist.

– Spüle das Ei unter fließendem Wasser ab.

Der Eier-Koch:

– Male mit Filzstift das Gesicht auf: Augen, Brauen, Nase und Mund.
– Schneide von einem weißen Pappteller ein Stück Rand ab und klebe die Enden mit Klebeband zusammen.
– Für den Schnurrbart zwirbelst du etwas Watte zwischen den Fingern und klebst sie auf.

NOCH MEHR OSTEREIER-IDEEN

Damit deine Ostereier stehen bleiben, kannst du sie in mehrere ineinander gestülpte Papiermanschetten setzen.

Male mit Filzstiften eine schöne Blume auf das Ei.

Die Sonnen- und Mondprinzessin hat Haare aus Watte.

Den Chinesenhut bastelst du aus einem Buntpapierkreis.

Mit schwarzer und roter Farbe wird das Ei zum Marienkäfer.

DAS HUHN UND SEIN KÜKEN

Statt an Ostern nur Schokoladeneier zu naschen, kannst du mit einfachen Mitteln ein Huhn und sein Küken als Handpuppen basteln.

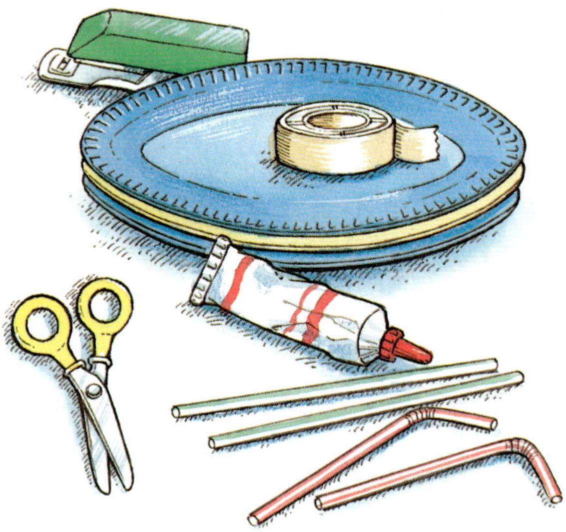

Du brauchst Pappteller und gerade bzw. biegsame Strohhalme.

Schneide Schwanz, Kopf und Körper aus den Papptellern aus.

Haltestab und Füße des Kükens werden an die Pappe geheftet.

Denk dir eine Geschichte mit Huhn und Küken aus.

INHALTSVERZEICHNIS